L'ALLIANCE
FRANCO-RUSSE

ET

LA TURQUIE

PAR

LE SOLITAIRE DE LEMNOS

PARIS

E. DENTU, LIBRAIRE-ÉDITEUR

GALERIE D'ORLÉANS, 17 & 19, PALAIS-ROYAL

1872

L'ALLIANCE

FRANCO-RUSSE

ET

LA TURQUIE

L'ALLIANCE

FRANCO-RUSSE

ET

LA TURQUIE

PAR

LE SOLITAIRE DE LEMNOS

PARIS

E. DENTU, LIBRAIRE-ÉDITEUR

PALAIS-ROYAL, 17 ET 19, GALERIE D'ORLÉANS

1872

L'ALLIANCE
FRANCO-RUSSE
ET
LA TURQUIE

Depuis quelque temps, tous les journaux de l'Europe ne nous entretiennent que d'un projet d'alliance de la France avec la Russie. Ces bruits s'accréditent de plus en plus, et semblent répondre à quelque fait ou réel ou probable. Cependant, pour quiconque a le sentiment et l'intelligence des intérêts de ces deux nations, une pareille alliance ne paraît pas possible ; car, pour qu'une alliance soit possible, il faut qu'il y ait communauté d'intérêts entre les États qui la contractent; c'est un principe élémentaire de politique internationale, et jamais il n'aurait été plus radicalement contredit et violé.

Toutefois, examinons, avant de rien préjuger, le

but que la France et la Russie chercheraient à atteindre en s'unissant ensemble. Voyons si les avantages que l'une pourrait réclamer ne porteraient pas préjudice aux intérêts de l'autre. Enfin tâchons de découvrir si les conditions nécessaires à une entente parfaite entre ces deux nations peuvent se rencontrer.

Tout le monde connaît la politique traditionnelle de la Russie. A l'est, étendre ses limites du côté de l'Asie jusqu'à l'extrême Orient et au golfe du Bengale ; à l'ouest, subjuguer les Principautés danubiennes, la Servie, la Bulgarie, la Thessalie jusqu'à l'archipel, et faire de Constantinople la capitale de ce vaste empire : c'est là l'objectif du gouvernement de Saint-Pétersbourg.

Pierre le Grand, en léguant son sceptre à ses successeurs, leur a laissé ce plan politique qui a reçu déjà un commencement d'exécution. Les tentatives des czars n'ont, il est vrai, jusqu'à présent réussi qu'à demi. Mais les échecs qu'ils ont subis en Europe n'ont pas découragé les Russes. Si, à notre époque, ils n'ont pas aussi souvent recours à la guerre qu'au XVIIIe siècle, ils travaillent encore d'une manière moins périlleuse et plus sûre à l'accomplissement de l'œuvre qu'ils ont entreprise.

La diplomatie et l'art subtil et dangereux de faire

la guerre pacifiquement sans effusion de sang ont été substitués à la violence : conserver les relations les plus cordiales avec la Sublime-Porte et en même temps fomenter des troubles dans l'empire ottoman; semer la discorde entre les sujets du Sultan; créer au gouvernement du Divan, des difficultés au dedans et au dehors ; profiter de ses embarras pour exiger des concessions ; épuiser ses forces et l'empêcher de respirer un seul moment, pour tomber après sur lui et s'en faire une proie facile, tel est le nouveau système politique adopté par le cabinet de Saint-Pétersbourg.

Nous trouvons les témoignages de ces intentions et de ces agissements dans la guerre du Montenegro, dans l'insurrection de la Crète, dans l'intervention de la Grèce en faveur des rebelles aussi bien que dans les tentatives de l'Egypte, de la Servie et des Principautés-Unies, pour s'affranchir de la suzeraineté du Sultan, et enfin dans la dénonciation du traité de Paris au moment où l'Europe était tenue en émoi par la guerre franco-allemande.

En effet, si le prince de la Montagne-Noire n'avait pas été secrètement soutenu par la cour de Russie, est-ce qu'il aurait osé braver le Divan et dévaster la Bosnie pendant des années entières ? D'ailleurs, lorsque les armées victorieuses du Sultan sont entrées à

Cettigne et que le Wlodika a été obligé de s'enfuir en Autriche, n'avons-nous pas été témoins des démarches faites par l'ambassadeur du Czar auprès de la Sublime-Porte pour obtenir le retour de ce prince, qui, par sa conduite barbare, s'était mis au ban des nations civilisées? Un peu plus tard, n'avons-nous pas vu l'empereur Alexandre combler de présents et d'honneurs ce petit souverain pour le récompenser, en quelque sorte, de sa rébellion contre le gouvernement du Sultan et l'encourager à persister dans cette voie?

L'insurrection de Candie nous offre le même spectacle, les mêmes intrigues de la Russie. Les Crétois n'étant inquiétés par aucune mesure vexatoire de la part de leur gouvernement, n'avaient aucun motif plausible pour faire appel aux armes. Du reste, leurs efforts réunis n'auraient jamais pu venir à bout des forces ottomanes. Il était donc évident qu'ils étaient sollicités par quelque influence occulte à secouer le joug musulman, et qu'ils comptaient pour le succès sur des secours étrangers. Or, comme il ne convenait pas à la Russie d'intervenir directement en leur faveur, elle imagina de leur faire envoyer par la Grèce des secours d'hommes et d'argent. Sans doute, le cabinet de Saint-Pétersbourg savait bien que le gouvernement d'Athènes n'était pas un auxiliaire sur lequel on pût compter pour déterminer l'émancipation de la Crète; mais ce qui lui importait, c'était de prolonger la lutte afin d'engager les grandes puissances du continent à reconnaître aux insurgés la qualité de belligérants, et de proposer ensuite aux cabinets européens la réunion d'un congrès pour proclamer l'indépendance ou l'annexion à la Grèce de l'île de Candie. Ce plan avorta, car malgré tous ses efforts le gouvernement hellénique ne put tenir tête aux armées ottomanes, et la Porte triompha de l'insurrection avant que les négociations entamées par le Czar auprès des puissances eussent abouti. Mais il n'est pas moins vrai que dans cette affaire, la Russie remporta un succès moral de la plus haute importance pour la réalisation de son plan politique. Non-seulement elle implanta chez les populations grecques, soumises à l'autorité du Sultan, l'idée de révolte, éveilla en elles le sentiment de l'indépendance et de la liberté, mais encore elle réussit à obtenir de la Sublime-Porte la nomination en Crète de gouverneurs chrétiens, précédent funeste pour l'autorité du Sultan. En même temps cette politique contribua à la ruine d'une des plus riches provinces de la Turquie et fit dépenser au Trésor ottoman, déjà très-obéré, plus de quatre cent mille bourses.

La conduite de la Grèce, pendant l'insurrection candiote, démontre la solidarité qui existait entre elle et le cabinet de Saint-Pétersbourg. En effet, comment admettre qu'un petit État qui compte à peine douze cent mille âmes ait osé, au mépris du droit des gens, faire une guerre détournée et d'un nouveau genre contre un empire relativement très-puissant, si la Russie ne lui avait promis son intervention en cas de conflit avec le Divan?

La Sublime-Porte, il est vrai, aurait dû mettre le gouvernement hellénique en demeure de rompre ouvertement avec elle ou d'observer une stricte neutralité. Par ce moyen on aurait mis en plein jour les intrigues moscovites destinées à saper les fondements de la puissance ottomane. Mais il faut imputer la faiblesse dont le gouvernement du Sultan fit preuve à la pusillanimité d'Aali-Pacha, qui n'a jamais mis de la dignité dans la défense des intérêts de son pays.

En réalité, la révolte des Crétois était l'œuvre de la Russie, et l'Europe entière en a acquis la certitude surtout après la conférence du quai d'Orsay.

Les velléités d'indépendance manifestées par le vice-roi d'Egypte, les princes de Servie et de Moldo-Valachie sont encore le résultat des manœuvres du cabinet de Saint-Pétersbourg, car ces petits États, anciennes provinces de l'empire d'Orient, n'ont aucun intérêt direct à se détacher d'un protectorat presque nominal ; et s'ils ont tenté de le faire, c'est que le gouvernement russe a fait briller aux yeux de leurs chefs les perspectives les plus séduisantes.

D'ailleurs ces principautés n'auraient jamais osé attaquer les droits de suzeraineté du Sultan si une grande puissance ne leur avait promis son appui dans le cas où la Porte voudrait châtier leurs coupables tentatives. De son côté, le gouvernement du Divan n'aurait pas manqué de prononcer la déchéance de ses vassaux rebelles, s'il n'avait craint de se heurter contre la Russie, cachée derrière ces princes.

La dénonciation du traité de Paris n'est-elle pas encore une autre preuve manifeste des intentions agressives couvées, par le Czar, contre l'empire ottoman? Si la Russie n'avait pas l'arrière-pensée de se préparer pour attaquer la Turquie lorsque le moment en sera venu, pourquoi aurait-elle exigé la suppression de l'article XI de ce traité? Cette suppression lui impose la nécessité de fortifier tous ses ports de la Mer-Noire et de créer une flotte considérable pour protéger ses côtes. Evidemment elle ne s'impose ces dépenses extraordinaires que dans l'espoir de mettre à exécution les desseins qu'elle nourrit depuis Pierre le Grand. Si dans la Mer-Noire la Russie rencontrait un autre compétiteur que la Turquie, on pourrait objecter que c'est pour se fortifier contre les tentatives hostiles de cette puissance que le gouvernement russe est dans la nécessité de créer des ports militaires et des escadres cuirassées. Mais comme il n'y a que la Turquie dont les possessions soient baignées par cette mer, il est clair que les préparatifs de la Russie sont dirigés contre notre pays.

Vainement le Czar prétendrait-il que la crainte d'une attaque de la part du gouvernement ottoman l'a obligé de prendre ces mesures préventives, une pareille justification est inadmissible. Tout le monde sait que la Turquie plus que tout autre pays d'Europe a besoin de calme et de tranquillité, et que les forces militaires dont elle dispose étant très-inférieures à celles du gouvernement de Saint-Pétersbourg, elle a tout intérêt à éviter le moindre conflit avec cette puissance.

Du reste, les concessions incessantes que fait la Porte ottomane, la facilité avec laquelle elle a souscrit à l'annulation de l'article XI du traité de Paris, attestent ses intentions pacifiques et la crainte même que lui inspire le gouvernement moscovite.

Il ressort des arguments que nous venons d'énumérer, que tous les efforts de la cour de Russie tendent à affaiblir et à démembrer l'empire ottoman afin de s'assurer une proie plus facile. Si donc aujourd'hui le gouvernement russe accédait à quelque alliance, ce ne pourrait être que dans l'espoir d'arriver plus promptement au but depuis longtemps poursuivi.

Ainsi, dans l'hypothèse d'une alliance franco-russe, la France autoriserait ou plutôt aiderait le Czar à faire de Constantinople la capitale de son nouvel empire et à étendre les limites de ses États depuis les Karpathes jusqu'aux rives du Gange.

Mais voyons quels seraient les avantages que la Russie offrirait à la France en compensation de l'agrandissement démesuré de son propre territoire.

La République française ne peut rechercher l'alliance russe que dans la pensée de venger ses revers et de reprendre à l'Allemagne les deux provinces qu'elle a été condamnée à lui céder. Or, la défaite des Allemands et le retour à la France de l'Alsace et de la Lorraine suffiraient-ils pour compenser à ses yeux les maux qui résulteraient pour toute l'Europe de la destruction de l'empire ottoman?

En effet, la Russie, maîtresse de la mer Noire, de la Baltique, de l'Archipel et du golfe Persique, tiendrait le sceptre du monde et dicterait la loi à toutes les nations. Plus d'équilibre européen, plus de sécurité nationale, plus de liberté pour le commerce; l'Europe, écrasée par le colosse moscovite, deviendrait l'esclave des caprices des Czars. Tel est le service que la République française rendrait à la Russie, pour avoir en retour deux provinces qui comptent à peine deux millions d'habitants. Supposons même que la France s'annexât tout le territoire situé sur la rive gauche du Rhin et ajoutât à l'Algérie les possessions turques d'Afrique, pourrait-elle même, dans cette conjoncture, se croire assez dédommagée de ses pertes nouvelles? pourrait-elle se supposer en état de balancer la puissance russe et d'empêcher son propre asservissement avec celui de tous les États du continent? Ligué avec toute l'Europe continentale, Napoléon, en 1813, n'a pu terrasser la Russie, et on admettrait que la République française, en 1872, tiendrait tête à cette puissance qui a fait depuis tant de progrès en tout genre et qui serait maîtresse du tiers de l'Europe et du tiers de l'Asie? Non, de pareilles hypothèses tombent d'elles-mêmes et ne méritent point d'être réfutées.

Ainsi l'alliance de la France avec la Russie, au lieu de procurer à la France des avantages réels, lui serait funeste. Car quelles que soient les combinaisons imaginées, la République donnerait bien plus au Czar qu'elle n'en recevrait; il y a donc naturellement opposition d'intérêts entre ces deux puissances.

Enfin, même si, foulant aux pieds toutes ces considérations et toute à la soif de la vengeance, la France contractait cette alliance offensive et défensive contre l'empire germanique, pourrait-elle atteindre le but qu'elle se propose? Ce succès lui-même paraît impossible. En effet, l'alliance franco-russe ne manquerait pas d'éveiller les craintes des gouvernements européens. Toujours en butte à la haine jalouse du cabinet de Saint-Pétersbourg, la Turquie verrait dans cette union une menace dirigée contre elle et se rapprocherait naturellement de l'Allemagne.

De son côté, l'Autriche, qui redoute plus la Russie que le gouvernement de Berlin, à cause de ses provinces slaves qui réclament déjà leur autonomie, l'Autriche aurait tout intérêt à s'armer pour sauvegarder son intégrité.

Menacée depuis longtemps dans ses possessions des Indes par la Russie, l'Angleterre ne peut jamais souscrire à l'agrandissement territorial de cette puissance; que sera-ce donc, si les États du Sultan doivent contribuer à cet accroissement de territoire? Quiconque a étudié les questions économiques, ne peut ignorer que l'Orient est le plus large débouché pour les produits britanniques; or, si la Russie devenait maîtresse de ces contrées, l'industrie anglaise serait anéantie. Et d'ailleurs, si déjà les Indes sont sous le coup d'une invasion moscovite, la chute de l'empire ottoman entraînerait la perte assurée de cette importante colonie. En présence de ces faits, le cabinet de Saint-James ne pourrait demeurer spectateur indifférent du drame politique qui se préparerait, et par un mouvement nécessaire il prendrait fait et cause pour la Turquie, parce que le commerce et la grandeur de l'Angleterre sont intéressés à l'intégrité de cet empire.

Le rôle de l'Italie dans cette conjoncture est tracé d'avance. Comme elle a plus à craindre les succès de la France qu'elle ne souffrirait de ses défaites, elle tâcherait d'observer une neutralité absolue, et si elle intervenait, ce ne pourrait être qu'en faveur de l'Allemagne. Avons-nous besoin de démontrer cette conclusion? Tout le monde connaît les regrets qu'a exprimés la France d'avoir contribué à l'unité italienne. Tout le monde se rappelle les réserves qu'elle a faites concernant la ville de Rome et le pouvoir temporel du Pape. Est-il besoin d'en tirer comme conséquence la politique extérieure de l'Italie et ses dispositions à l'égard de la France? Et serait-on même en droit d'accuser les Italiens d'ingratitude?

Ainsi son alliance avec la Russie soulèverait contre la République française une formidable coalition à laquelle prendraient part l'Allemagne, l'Autriche, l'Angleterre, la Turquie et probablement l'Italie.

Encore une fois, la France ne peut contracter d'alliance avec la Russie, et elle ne doit attendre que du temps l'occasion de faire valoir ses griefs contre les nouvelles annexions allemandes.

Il n'en serait pas ainsi de l'alliance que contracterait l'Empire germanique avec l'Autriche, la Turquie et l'Angleterre, dans l'hypothèse d'une alliance franco-russe. Car d'un côté tous auraient à combattre un ennemi commun dont les succès seraient la ruine de tous, et de l'autre les avantages que recueillerait un de ces États ne pourrait porter aucune atteinte à la puissance des autres. Voilà les alliances qui sont naturelles, solides et durables.

Ajoutons ce dernier trait :

La politique traditionnelle de la France est de soutenir la Porte ottomane, pour combattre les tendances envahissantes du gouvernement russe. Cette politique, date de François Ier, elle est intelligente et rationnelle. Sans doute plus d'un gouvernement a eu le malheur de s'en écarter ; il n'en est pas un seul qui n'ait eu lieu de s'en repentir. Si la France n'avait pas détruit la flotte du Sultan à Navarin ; si elle n'avait pas aidé Méhémet-Ali dans son insurrection contre la Sublime-Porte, elle n'aurait pas été obligée de dépenser plus de deux milliards et de sacrifier environ cinquante mille hommes dans la guerre de Crimée pour empêcher les Russes de s'emparer de Constantinople. Cette rude expiation aurait dû lui apprendre à ne pas s'écarter des principes politiques consacrés par le temps et par la raison.

Cependant, sous le règne de Napoléon III, le gouvernement français a foulé aux pieds le principe d'équilibre européen établi par le traité de *Westphalie* et confirmé plus tard par le congrès de Vienne ; il a prétendu inaugurer le principe de la séparation des nationalités. Eh bien ! qu'est-il arrivé ? Les petits Etats du centre de l'Europe qui faisaient la sécurité de la France ont été englobés dans de grandes monarchies qui défient aujourd'hui la nation française. Si Napoléon III n'avait pas fait la guerre à l'Autriche pour fonder l'unité italienne, la Prusse n'aurait pas remporté la victoire de Sadowa, et, trois ans après, Sedan n'aurait pas été le théâtre de l'humiliation des armes françaises.

Cette digression ne nous a pas trop éloigné de notre sujet, si elle a pu servir à démontrer qu'il est toujours dangereux d'innover dans la politique des relations extérieures, et qu'il n'est pas prudent de briser tout d'un coup toutes les traditions pour tenter des expériences aux dépens de la liberté et de la puissance de son pays.

Malheur aux souverains qui ne prennent conseil que de leur ambition et de la passion du moment ! Malheur aux peuples qui confient leurs destinées aux mains d'un tyran !

La conclusion de tout ce qui précède est simple : L'alliance franco-russe est impossible : 1° parce que les avantages qu'en recueillerait la Russie dépasseraient de beaucoup ceux que la France pourrait atteindre ; 2° parce que l'alliance russe provoquerait une coalition formidable contre la France. La seule alliance qui soit naturelle est donc l'alliance franco-turque, les deux puissances ayant un intérêt commun à l'affaiblissement de la Russie.

Paris, imprimerie Paul DUPONT, rue Jean-Jacques-Rousseau, 41. (651.2.2)

PARIS, IMPRIMERIE ADMINISTRATIVE DE PAUL DUPONT
41, RUE JEAN-JACQUES-ROUSSEAU, 41

www.ingramcontent.com/pod-product-compliance
Ingram Content Group UK Ltd.
Pitfield, Milton Keynes, MK11 3LW, UK
UKHW020411250726
13967UKWH00006B/2581

9 782011 620026